CLASSICAL CANONS

WITHOUT TEXT

CANONS CLASSIQUES

SANS LES TEXTS

KLASSZIKUS KÁNONOK

SZÖVEG NÉLKÜL

HANDBOOK OF SOLFEGGIO
MANUEL DE SOLFÈGE
SEGÉDKÖNYV A SZOLFÉZS TANÍTÁSÁHOZ

Compiled and commentaries by
Sélection et notes explicatives par
Összeállította és magyarázó jegyzetekkel ellátta
MOLNÁR Antal

Revised edition by - Édition revue par
Az átdolgozott kiadást sajtó alá rendezte
AGÓCSY László

EDITIO MUSICA BUDAPEST

Universal Music Publishing Editio Musica Budapest Ltd
H-1370 Budapest, P.O.B. 322 • Tel.: +36 1 236-1100 • Telefax: +36 1 236-1101
E-mail: emb@emb.hu • Internet: www.emb.hu

PREFACE TO THE SECOND EDITION

These canons were collected in the 1910s and 1920s by means of foreign second-hand book catalogues. I was in correspondence with antiquarian booksellers from several countries and obtained numerous items in the form of early handwritten copies. When the collection by Jöde *"Der Kanon"* appeared in 1926 there were hardly any pieces in it which did not figure among the items of my own assortment and could thus be taken over. The fact that the outstanding German master could not have been familiar with my work is supported not only by the date (my volumes were printed in 1928) but born out by double evidence 1) my solfeggio textbook published in 1921 already contained quite a number of canons which were later published by Jöde as recent discoveries, 2) my collection of 1928 included several masterpieces missing in Jöde's book.

The present collection has been conceived right from the outset so as to form an organic component of and a supplement to the teaching of solfeggio. The original texts and their relevant translations have been omitted with the intention that the pedagogical aim, namely that which is achieved through *solmization*, could be proprely emphasized.

There is hardly any need to recommend these pieces for cultivation. Luckily enough, solfeggio has become so wide-spread and in particular singing canons has gained such popularity that its praise would suggest an irony of the same kind as Erasmus' eulogy of foolishness. Nevertheless, it cannot be left unsaid how immensely this domain contributes to raising the musical standards of the *greatest number of people* possible.

January 1955 *Antal Molnár*

The editor's task has not been difficult since almost the entire musically valuable material of the first edition could be used and it was only the sequence where changes seemed necessary. The canons which were originally published in three volumes are presented here in one volume in the chronological order they succeded each other in the history of music. The keys used in the first edition have been retained. It lends variety to relative solmization and provides opportunities for covering the whole circle of fifths.

The canon output of six centuries, ranging from the anonymous composer of the 14th century to Brahms, offers a choice of material both with regard to melody and to arrangement. The pieces have not been placed according to grade of difficulty as this depends on the attainments of the participants. At any rate, four aspects must be taken into consideration when selecting the pieces to learn next. It is extremely important to check the compass since the properly chosen range is a prerequisite for good singing. Works moving in the range of two octaves should be sung by adult choruses while pieces with a smaller range by singers whose voice is in the process of developing. For beginners short works consisting of a smaller number of parts should be chosen. This collection offers a rich selection of pieces starting from two-part compositions made up of four bars only to the most sophisticated canon. In the foregoing the external criteria of selection were enumerated; on the other hand, the melodic and rhythmic difficulties inherent in the various pieces reveal internal problems. If the work meant to be sung is selected on the basis of these four criteria and the prescribed tempo is kept we shall be able to make music well and sensibly.

These canons may be performed by voices and instruments jointly; certain parts are to be sung, others to be performend on an instrument. (Da cantare o sonare ...!) For pupils of the faculties of singing it is highly recommended to sing the canons in a soloistic manner (one singer per voice), as they facilitate acquiring sure attack and a skilful performance of an independent voice. Singers educated on such training material will delight conductors.

In addition, these canons may also be used in the string and wind instrument instruction of beginners; canon-like playing represents one of the stages of ensemble playing. For these purposes the pieces must be provided with the appropriate signs such as bowing and blowing. The first initiatives relating hereto were made by Jöde in his work entitled "Spielkanons".

László Agócsy

NOTES

1. A good example of the *Dorian* mode.
2. a) and b): The principal melody is in *Hypophrygian* mode, the other voice moving in double (augmented) time-values is in *Phrygian.* The whole little piece is a *canon at the fifth.*
3. An early example of the *major* key.
4. It is in the *Aeolian* mode.
5. *Aeolian* mode with ending in the *Ionian* one.
6. A canon by augmentation. The mode of the first and third parts is *Hypodorian;* moreover, the third part repeats the first one in double counterpoint and by inversion; the upper voice of the second part moves in the *Aeolian* mode, its augmented lower voice in *Hypoaeolian* mode. "Benedictus" of the mass "L'homme armé", as a matter of fact. An excellent example of polyphony in the Netherlands.
7. A sophisticated canon in which the lower voice repeats the same melody as the upper voice but with a rhythm slowed down (augmented) in the ratio of three to two; the middle voice repeats the same melody as the lower voice by double augmentation and a fifth higher, i.e. it is a *canon by augmentation and at the fifth.*
   The mode of the upper and lower voices is *Hypodorian,* that of the moddle voice is *Aeolian* ending in the *Dorian* mode. Its original text corresponds with "Agnus Dei".
8. *Mixolydian* mode.
9. *Hypoionian* mode.
10. *Phrygian* mode.
11. *Ionian* mode.
12. Likewise.
13. *Dorian* mode moving in the *Hypodorian.*
14. In *Dorian* mode.
15. As No. 11. It is built on a Gregorian theme (Ave Maria).
16. It precisely reflects the treatment of the early *Aeolian* mode. A raisen seventh degree (subsemitonium modi) is only used in cadence with beat.
17. As the previous piece.
18. In *Mixolydian* mode.
19. As No. 11.
20. It foreshadows the *major* key proper.
21. Its sixth degree is missing so that it can equally belong to the *Aeolian* and the *Dorian* modes.
22. Its mode is: *Hypoionian.*
23. Its contrapuntal construction shows similarities with that of Nos. 18, 19 and 20.
24. In *Mixolydian* mode.
25. As No. 16
26. The comment given at No. 13 also applies here. Its mode is: *Hypoionian.*
27. Its mode is *Hypoionian* coming near the *major* key as it is frequently the case in Lasso.
28. In the *major* key; as regards its construction see the comment given at No. 23.
29. This piece in *G* minor is characteristic of Baroque sentiment unfolded with rich chromaticism.
30. Also in the *minor* key with typical suspensions.

31. Related to the foregoing in that its opening motive heads the musical thoughts as a kind of *motto.*
32. Entirely in the *major* key. The fascinating power of this regularly constructed piece lies in its hiding a canon at the fourth and at the fifth at the same time, even if only as a hint.
33. The wit of this solution is that the imitating voice shifts the rhythm of the theme by a quaver, i.e. produces a change of accent.
34. It provides a good example not only of a series of efficient suspensions but also of sequencing generally applied in the Baroque era.
35. Its light cheerfulness is enhanced by the succession of imitations started at the third entry. It reminds us of dance pieces.
36. In its "Ecce homo" mood the sharp dissonance effect practised since Lotti constitutes an essential factor. (See the several famous "Crucifixus" by Lotti!)
37. A majestic dance with pseudo-imitation at the later entries as in No. 32. Cf. No. 42
38. Similar to No. 36 but in a milder form.
39. A lively dance with similar endeavours to the ones remarked at No. 37.
40. A typical school-piece (for pupils); the previous comment refers hereto as well.
41. With a similar tendency as No. 36 but in a more modest form.
42. The remark made at No. 37 of the pseudo-imitation holds true for this piece as well; in such a case Caldara produces for the most part the tonal answer according to the dux-comes relationship of the fugue.
43. A playful canon with a jest: The light imitative wit of descending trichord.
44. Its contrapuntal message corresponds to that of No. 37.
45. Similar in construction to the aforementoined ones. With an archaic allusion to the *Dorian* mode, yet within the minor key.
46. The same type of construction; it reminds us of the middle *piano* sections of the organ toccatas of those days.
47. Just like No. 41.
48. The same type as No. 42, with a shift of accent at the third entry.
49. This subject originating in the treasury of Gregorian chant was a commonplace device of the Baroque style. Bach applied its counterpart in the *B flat minor* fugue in the first volume of the Wohltemperiertes Klavier. The remarks made of pseudo-imitation hold true for this case as well. There is a shift of accent at the second entry.
50. As far as the mood is concerned it is analogous with the previous one, only its imitation passages are more persistent.
51. It reflects a manner intended to be "strict" by the master brought up on Palestrina's style, with counterpoint in contrary motion at the second entry.
52. One of the most outstanding masterpieces of Caldara, with masterly powerful pseudo-imitations, rhythmic shift of the opening syncope at the third entry. The sixth chord made chromatic in the "Neapolitan" manner and applied as the subdominant of the cadence supports well its mood.
53. A didactic canon in which the head-motive emerges in several places in compliance with the instructive intention of the master of counterpoint.
54. With similar tendencies as No. 29, yet on a modest scale.
55. It stands near the type of No. 44.
56. As No. 42, with a shift of accent at the second entry.
57. Closely related with Nos. 36 and 38 and even more so with No. 49. The diminished seventh chord after the entrance of the voice has its origin in the Laments of Caldara's operas.

58. The first sentence of the foregoing remark holds true here as well.
59. A counterpart of No. 52. The "Neapolitan" chord appears here in the fundamental position and not as an inversion of the sixth chord.
60. A contrapuntal piece without artifice, yet in the manner of No. 52. At the same time it includes illuminating passing notes of a second to achieve a clean intonation of the diminished third interval. (In the previous canon the same method may contribute to singing the *E flat–C sharp* completely in tune but there the *passing notes* should only be imagined!)
61. With the instructive aims of No. 53.
62. A counterpart of No. 60, bringing an almost exact imitation at the third entry, enhanced by Lotti's dissonance effect and heightened by "Neapolitan" sentimentalism. By virtue of its artistic value it deserves to be placed beside No. 52.
63. It is also one of the lamenting pieces with "augmented sixth" which is fairly rare in canons. To effect clean intonation of this as well as of the dimished fourth interval near the end is a thorny task!
64. The entire piece is one single sequence series.
65. The underlying idea is an imitation of remarkable beauty (second entry!). As regards the difficult intonation see the remark made at No. 60.
66. As far as the intonation is concerned cf. No. 63; otherwise it is a counterpart of the previous one.
67. It is related to the foregoing two.
68. A humorous, daring piece with freely handled dissonance effects. It could characterize three passionately debating persons who fall out with each other.
69. As No. 53 but rendered more difficult through the change of time.
70. The remark made at No. 63 holds partially true here as well; it may prepare for the even more difficult piece No. 29.
71. A canon of the rare kind with entrances in quick succession; these stem from the stretti of the fugue. Its polyphonic aspirations are counterbalanced by the lack of rhythm shift.
72. An instructive piece with a certain degree of undeniable contrivance. Its zeal surpasses its beauty.
73. Trumpet-like formulas with typical "gallant" motives and graceful dance motions.
74. Telemann well-nigh boasts here of his knowledge of early Baroque music; but as soon as the contrapuntal situation turns serious he knows how easily to extricate himself, namely by suspending the voice under way. This method was frequently applied in later eras as well whenever the entrances were close to each other.
75. An illuminating piece for pupils, mostly for instrumental beginners.
76. Likewise.
77. Likewise; at the same time a "Minuet".
78. Likewise; at the same time it is a "Siciliano".
79. A piece of similar aims but in a much simpler, less ambitious elaboration. A kind of "petty family joke".
80. It is related to the foregoing.
81. Greeting song for pupils of the lower grades.
82. The greeting of spring with the call of the cuckoo.
83. A canon for social gathering at feasts, with the chime of bells.
84. A concocted piece showing off with its ingenuity.
85. An airy, "gallant" piece.
86. The wise master's admonition; in a subtle form.

87–88. Mozart's old master heaps commonplace artifices of the contemporary idiom so skillfully that we forget about the contents and enjoy the form.

89. In this bagatelle it is again the design that lends the piece "academic" heights.

90. It is meant for a cheerful gathering.

91. A joke mocking dull conversations.

92. Epitome of "after rain comes sunshine"..

93 and 94. So-called *double* canons with Fuch's didactic counterpoint. They are illustrative of what the Rococo meant by polyphony to the greatest glory of the Academy at Bologna. Nevertheless, they are not easy to sing well.

95–105. Eleven improvised master canons for social use. Mozart wrote such pieces when among friends for the sake of entertainment on the spot. Stray pearls of fully developed Classicism which evolved from the Rococo.

106–125. The approach of the paternal friend of Mozart to writing canons was just the contrary to the method of the younger genius whom he recognized as the greatest musician. Haydn cultivated the genre of social canon as a model of contrapuntal care, cautiousness and crystal-clearness. Resulting from this his achievements in this field are not mere occasional master pieces but bagatelles of unappraisable value. Any chorus which succeeds in shaping the portrait of this powerful humorist through performing these pieces can be proud, indeed. The pieces were written partly for equal voices and partly for mixed voices! Nos. 124 and 125 are canons at the fifth.

126–131. *Catch-clubs* were extremely popular in England (particularly in London). The chief entertainment in these musical associations was the enthusiastic communal singing.

132. Reinhardt is a significant representative of the song literature before Schubert. He is frequently mentioned together with Zelter, a favourite of Goethe, but his musical imagination is more soaring than that of his Berlin master.

133. It is one of the late masterpieces of the centuries-long fashion of imitating cuckoos.

134–138. The composer of these pieces is the same Salieri (Italian teacher of singing and composer resident in Vienna) who is depicted in Rimsky-Korsakov's opera "Mozart and S." as an intriguer poisoning Mozart. Though history's court of justice cleared him of the charge of murder, his remarks made on the occasion of Mozart's death have survived according to which Mozart's early decease was an immense piece of luck for the Viennese colony of Italian musicians since their most dangerous rival dropped out! No. 135 imitates bells of various sizes. The piece No. 137 is, with its humorously abrupt modulations, a catchy test of clean intonation.

139–166. The renowned director of the Conservatoire at Paris was one of the few musicians of whom Beethoven had a very favourable opinion. It is well known what a profound influence Cherubini's operatic manner had on the style of "Fidelio". Thus e.g. the social canon in the first act of "Fidelio" could be associated with the name of the Frenchified Italian maestro with good right. The series in the present collection bears the mark of noble classicism. And it is highly illustrative of what kind of forces were counterbalancing the amateurish-sounding romances in Paris at the turn of the century. No. 142 is a singing teacher's piece, a counterpart of Haydn's piano teacher's piece for four hands: it mocks schoolboys who start learning solmization. This was a current fashion in those days prevailing ever since Pergolesi's opera, the "Maestro di musica". The singing class in Rossini's opera "The Barber of Seville" is characterized by ironic mood because it stands as a pretext for assignation. Music teaching is a source of and an inexhaustible occasion for humour up to Debussy ("Doktor Gradus ad Parnassum"). The piece No. 153 provides an unparalleled example of imitation with close entry and shifted accent, of how the permanent contradiction blends into unity. It appears from No. 164 how much Cherubini was familiar with and aware of the achievements of his predecessors (Caldara).

167. Nageli was the initiator of a vivid and populat trend of elementary school music teaching in Switzerland. The counterpart of what is the Kodály movement in Hungary is about 100 years older in the west. One of the modest contributions to it was this minuet by Hering, a teacher at Bautzen which was conceived with the aim of "popularizing" it.

168–172. Berton, junior was a much celebrated composer mainly of revolutionary operas which were the craze of the times after the French revolution. His canons are not so distinguished as those by Cherubini; most of them are much rather homophonic songs with a successively attached simple accompaniment. No. 169 is a satire of the sentimentalism of love; No. 170 is a lively demonstration of what the sweeping fashion of marches in the nature of the Marseillaise meant in those days. The piece No. 172/a is a tricky chord-changing *canon at the fourth* with a rather dilettante attitude; as a matter of fact, it is a series of chords broken up into its voices, an extremely instructive test of singing in tune! (Much more difficult than No. 183 which practises chromaticism.) The semblance of polyphony is enhanced if No. 172/b is sung to it which is otherwise complete in itself, too. Its opening message is like programme music: the chromatic piece symbolizes pessimism, the diatonic one optimism while the combination of the two suggests total *fulfilment* in which all contrasting features blend into one. It is thus a music of philosophic orientation just like Wagner's Ring is on a larger scale. Despite, pupils are fond of it. Such a successively composed structure was wide-spread in the 15th-16th centuries. A recent exemple of it with real polyphony may be found in No. 145 of Bartók's Mikrokosmos.

173–180. Songs are the least characteristic among the works of Beethoven. His canons are, without exception, jokes for special occasions contributing thus to the prevalent fashion in society. No. 176 is a piano master's mocking arranged for voice (cf. No. 142). Similarly, all his other pieces are equally rooted in the instrumental idiom. The piece No. 179 has a bearing on the history of music inasmuch as it makes fun of Malzel, the inventor of the metronome; the musical message of this canon found its way into the unsurpassed scherzo of the Eighth Symphony. At the same time it is a rare example of keeping a mercilessly even tempo! (Live music is not to be imagined without changes in agogics. As soon as the performance assumes a metronome-like character it gets reduced to the intellectual level of technical study.) In effect, its irresistible humour arises from this fact.

181. The famous conductor of Weimar (a significant forerunner of Chopin in piano composition) represents a middle course between Mozart and Romanticism; this unassuming piece indicates how much he was imbued with Mozart's music!

182–187. Didactic canons, tests for hitting a note.

188. As No. 71, only with a more advanced thinking in chords. Weber is one of the most conscious and daring experimenters of technique. He did not rest on his laurels after "Der Freischütz" either but continued in his striving for ever higher aims.

189–194. Kuhlaut who, according to Beethoven's pun, is "Weder Kuh, noch lau" (neither cow, nor lukewarm) is presently known exclusively for his educational sonatinas although he was a many-sided and talented musician, in effect, the founder of the Danish national opera in Copenhagen. His canons are also among the happier products of his wit. The fun of No. 191 lies in that the piano teacher's chaff (cf.

Nos. 142 and 176) changes over unexpectedly into a melancholic tune in the minor, then as abruptly as before returns to the major. No. 194 reminds us of an early French chanson.

195–207. Canons by the professor of the teacher's training college of Silesia are undoubtedly the most outstanding representatives of the music teaching movement in schools as described at No. 167.

208–209. Hauptmann is mostly known for his theoretical writings. It is, however, not for nothing that Mendelssohn was so fond of him: several of his vocal compositions bear evidence of gentle invention.

210–213. These items cannot be ranked with Schubert's masterpieces, nevertheless, they are charming and well-sounding. It is worth comparing No. 213 with No. 99; the difference between the approach of this Mozart-enthusiast yet romantic composer and that of his great predecessor is striking. The prevailing feature of fully developed classicism is the stability of part-writing while romanticism is preoccupied with "Liederseligkeit" (singing rapture).

214–215. Schreier of Kolozsvár was a musician imitating the masters of Viennese Classicism. These two skilful pieces were found in the archives of the Secondary School for Music in Budapest along with so many other documents of the history of Hungarian music.

216–217. Lachner F. belonged to Schubert's circle. The chaffing, Viennese-like (popular) motive in bars 9-10 of No. 217 is also present in Schubert's music, namely in the intermezzo of "Rosamunde".

218–219. Due to social reasons Schumann was conducting a *female* choral society, too; this activity inspired him to write such fascinatingly charming improvisations. But his canons do not stand comparison with the majority of his other choral compositions. His striving for contrapuntal writing is not accidental, which is born out by the BACH-fugues and the "Studien" for piano in the form of canon.

220. A school-piece by one of the numerous Cherubini followers.

221–222. A piece beloved of pupils of the lower grades written by an accomplished teacher. As a matter of fact, Koehler was a famous professor of piano.

223–231. The relevant works for *female* choir by Brahms (which are unsuitable for male voices!) owe their existence te reasons similar to Schubert's (see Nos. 218–219). The difference is that they belong to the noblest works by Brahms. The eminent romantic master who settled in Vienna chose not only the text for his compositions with extraordinary taste but also followed the example of the early, great masters of the madrigal when establishing his notation of vocal music. No. 203 is a double canon at the fifth.

PRÉFACE À LA SECONDE ÉDITION

J'ai réuni ces canons dans les années dix et vingt en me basant sur les catalogues de marchands de livres d'occasion étrangers. J'étais en correpondance avec des magasins d'ouvrages anciens de plusieurs pays et ai ainsi pu découvrir de nombreux morceaux grâce à d'anciennes copies manuscrites. Lorsque parut (en 1926) le recueil de *Jöde, «Der Kanon»*, je n'eus à lui emprunter que quelques pièces ne figurant pas déjà dans ma collection. Ce n'est pas seulement la question de la date qui montre que le remarquable maître allemand ne pouvait connaître mes travaux (mes recueils furent imprimés en 1928 seulement); il existe encore deux preuves de la chose, à savoir que 1) toute une série des canons que Jöde a publiés plus tard comme des découvertes récentes figuraient déjà dans mon manuel de solfège de 1921, et 2) mon recueil de 1928 contient aussi bon nombre de pièces maîtresses qui sont absentes de celui de Jöde.

La présente collection sert dès le départ de complément organique à l'enseignement du solfège. Les textes originaux ou leur traduction ne figurent pas dans l'ouvrage afin de mieux mettre en relief son objectif pédagogique, auquel conduit l'usage du *solfège.*

Il n'est point nécessaire de recommander de pratiquer ces morceaux. Le solfège est fort heureusement tellement répandu à présent, et le chant en canon si apprécié de tous, qu'en faire l'éloge aurait l'air d'une ironie, comme celui de la folie dans le cas d'Erasme. On ne peut cependant passer sous silence l'importance de la contribution qu'ils représentent à l'élévation au plan musical *des masses les plus vastes.*

Janvier 1955 *Antal Molnár*

La tâche d'*éditeur* n'a pas été difficile. Nous avons pu réutiliser presque intégralement le contenu musicalement précieux de la première édition, et seule une modification de l'ordre des morceaux nous a paru nécessaire. Dans la présente édition, les canons publiées originalement en trois cahiers figurent par ordre chronologique au plan de l'histoire de la musique, et paraissent en un seul volume. Nous avons conservé les tonalités de la première édition. Elles permettent en effet de varier le solfège relatif et de faire le tour de tout le cycle des quintes.

La production de canons de six siècles – d'un compositeur anonyme du XIVe siècle jusqu'à Brahms – représente un matériau fort varié, tant au point de vue de la mélodie que pour ce qui est de son traitement. Nous n'avons pas fixé d'ordre de difficulté, la préparation des intéressés suffisant à en établir un. Nous avons cependant tenu compte de quatre critères lorsque nous avons procédé à notre sèlection. La coïncidence de l'ambitus est trés importante, car le choix adéquat de l'étendue est une condition indispensable de la beauté du chant. Les morceaux occupant l'étendue des deux octaves devront être chantés par des formations d'adultes, tandis que ceux dont le registre est plus réduit sont destinées à ceux dont la voix est encore en développement. Il est recommandé de faire chanter aux débutants des morceaux ne comportant que peu de voix et que ne soient pas trop longs. Le présent recueil contient de très nombreuses compositions, depuis celles à deux voix ne comptant que quatre mesures jusqu'aux canons les plus complexes. Ce qui a été mentionné jusqu'ici représentait les conditions extérieures du choix, tandis que la difficulté mélodique et rythmique des morceaux représente le problème intérieur. Si l'on choisit à partir de ces quatre critères les œuvres à chanter, et si l'on respecte aussi le tempo indiqué, toutes les conditions sont réunies pour faire de la musique bellement et inteligemment.

Les canons peuvent aussi être exécutés en utilisant à la fois le chant et un instrument: les parties peuvent être chantées pour une part et jouées pour le reste *(Da cantare o sonare...!).* Nous recommandons vivement le chant soliste des canons (un chanteur par voix) aux élèves des classes de chant. Il permet en effet d'acquérir aisément la sureté des entrées et la conduite individuelle de la voix. Des chanteurs adultes formés à cette école feront le bonheur des chefs d'orchestre de demain!

Ces canons peuvent également être utilisés dans la formation des instrumentistes débutantes, qu'il s'agisse d'instruments à cordes ou à vent. Le jeu en canon représente en effet l'un des degrées du jeu collectif. Il faut cependant dans ce but pourvoir les morceaux d'indications adéquates (coups d'archet, technique de souffle, etc.). C'est Jöde qui a fait les premiers pas dans cette voie avec son ouvrage intitulé *«Spielkanons»*.

László Agócsy

NOTES

1. Bon exemple du mode *dorien.*
2. *a)* et *b)* : la mélodie principale est dans le mode *hypophrygien*, tandis que l'autre voix se mouvant en valeurs doubles (augmentées) est dans le mode *phrygien.* Le petit morceau entier forme un *canon à la quinte.*
3. On trouvera dans le morceau une manifestation des débuts de la tonalité *majeure.*
4. Dans le mode *éolien.*
5. Mode *éolien* se terminant en *ionien.*
6. Canon par augmentation. La première et la troisième parties sont en mode *hypodorien*, et qui plus est, la troisième partie reprend la première en double contrepoint et en inversion; la voix supérieure de la deuxième partie est dans le mode *éolien*, tandis que sa voix inférieure à prolongement dans le mode *hypoéolien.* Il s'agit du *«Benedictus»* de la messe «L'Homme armé». Excellent exemple de la polyphonie flamande.
7. Il s'agit là d'un canon comliqué, dans lequel la voix inférieure chante la même mélodie que la voix supérieure, mais avec un rythme ralenti (augmenté) dans la proportion 3 à 2; la voix intermédiaire chante la même chose que la voix inférieure, mais en étant augmentée du double et une quinte plus haut. Il s'agit donc à la fois d'un *canon par augmentation* et d'un *canon à la quinte.* La voix inférieure et la voix supérieure sont dans le mode *hypodorien*, tandis que la voix intermédiaire est en *dorien* se terminant en *éolien.* Le texte original est celui de l'*Agnus Dei.*
8. Mode *mixolydien.*
9. Mode *hypoionien.*
10. Mode *phrygien.*
11. Mode *ionien.*
12. Id.
13. Mode *dorien* se mouvant en *hypodorien.*
14. Mode *dorien.*
15. Comme le n° 11. Le morceau est basé sur un thème grégorien *(Ave Maria).*
16. Indique avec exactitude le traitement de l'ancien mode *éolien*, qui n'utilise de 7ème degré haussé *(subsemitonium modi)* que dans les cadences accentuées.
17. Même chose que dans le morceau précédent.
18. Mode *mixolydien.*
19. Même chose que pour le n° 11.
20. Indique un rapprochement vers le véritable ton *majeur.*
21. Etant donné l'absence de 6ème degré, il pourrait aussi bien appartenir au mode *éolien* qu'au *dorien.*

23. Dans le mode *hypoionien.*
23. La structure contrapuntique rappelle celle des morceaux n° 18, 19 et 20.
24. Dans le mode *mixolydien.*
25. Même chose que pour le n° 16.
26. La remarque faite au n° 23 est valable ici aussi. Mode *hypoéolien.*
27. Dans le mode *hypoionien* se rapprochant du *majeur*, courant chez Lassus.
28. Ton *majeur;* pour ce qui concerne la structure, cf. le n° 23.
29. Ce morceau en *sol mineur* est caractéristique du sentimantalisme baroque se manifestant par un chromatisme fort riche.

30. Également en *mineur*, avec des retards caractéristiques.
31. Le morceau est apparenté au précédent dans la mesure où son motif initial constitue une sorte de *devise* placée en tête des autres idées.
32. Tonalité entièrement *majeure*. La charme du morceau réside dans le fait que, malgré sa structure normale, il recèle aussi un canon à la quarte et un canon à la quinte, mais peine ébauchés.
33. Solution fort ingénieuse, la voix d'imitation décale le rythme du thème d'une noire, ce qui revient à dire qu'il se produit un changement d'accent.
34. Très bon exemple, non seulement d'une série de retards, mais aussi d'une série de séquences habituel dans le style baroque.
35. La gaieté légère du morceau est accrue par la série d'imitations qui commence à la troisième entrée. Il rappelle par là les morceaux de danse.
36. L'effet de dissonance très fort pratiqué depuis Lotti (cf. ses célèbres *«Crucifixus»!)* est un facteur très important dans l'atmosphère des *«Ecce homo»*.
37. Danse pleine de majesté, avec une fausse imitation dans les entrées ultérieures, comme au n° 32. Cf. n° 42.
38. Similaire au n° 36, en moins marqué.
39. Danse vive, avec des effets similaires à ceux qu'on a fait remarquer au n° 37.
40. Morceau d'étude typique (à l'usage des élèves); la remarque précédente est également valable dans ce cas.
41. Tendance similaire à celle du n° 36, en plus modeste.
42. La remarque sur la fausse imitation (cf. n° 37) est valable ici aussi; dans ce genre de cas, Caldara fait valoir le plus souvent dans la réponse tonale le rapport sujet-réponse de la fugue.
43. Canon-jeu, avec la coquetterie de trois notes consécutives descendantes et un esprit d'imitation plein de légèreté.
44. Idée contrapuntique comme au n° 37.
45. Structure similaire aux précédents indiqués. Allusion archaïsante au mode *dorien,* dans le mineur.
46. Même type au plan de la structure; le morceau rappelle les sections médianes *piano* des toccatas pour orgue de la même époque.
47. Même chose qu'au n° 41.
48. Même type que le n° 42, avec déplacement d'accent à la troisième entrée.
49. Ce thème emprunté au chant grégorien est très répandu dans le style baroque. Bach en utilise un qui est presque son jumeau dans la fugue en *si bémol mineur* du premier cahier du «Clavecin bien tempéré». Les remarques faites plus haut sur la fausse imitation sont valables également dans ce cas. Déplacement d'accent à la deuxième entrée.
50. Fait pendant au précédent pour l'atmosphère, mais avec des passages d'imitation plus persévérants.
51. Reflète la manière voulue «stricte» du compositeur, élevé à l'école du style de Palestrina. Contrepoint à mouvement contraire à la deuxième entrée.
52. L'une des pièces maîtresses les plus remarquables de Caldara, avec des fausses imitations faisant beaucoup d'effet et un déplacement rythmique de la syncope du début à la troisième entrée. L'atmosphère en est bien soutenue par l'accord de sixte rendu chromatique à la «napolitaine» utilisée comme sousdominante dans la cadence.
53. Canon didactique dans lequel la tête du motif apparait à des endroits divers en fonction de l'objectif instructif du maître de contrepoint.
54. Même tendance qu'au n° 29, en plus modeste.
55. Type proche de celui du n° 44.

56. Comme n° 42 avec déplacement d'accent à la deuxième entrée.
57. Extrêmement similaire aux n° 36 et 38, et plus encore au n° 49. L'accord de septième diminuée qui suit l'entrée de la voix est emprunté aux chants de lamentations des opéras de Caldara.
58. Cf. première phrase de la note 57.
59. Fait pendant au n° 52. Cette fois, la sixte napolitaine n'est pas renversée, mais se présente sous sa forme originale.
60. Dans le style du n° 52, contrapuntique sans artifice, cette fois avec des notes de passage de seconde pleins d'enseignement, afin d'entonner de façon juste l'intervalle de tierce diminuée.
    (Dans le canon précédent, le *mi bémol–la dièse* peut aussi être d'une justesse absolue grâce à cette méthode, mais dans ce cas il faut *imaginer* seulement les notes de passage!)
61. Même objectif didactique qu'au n° 53.
62. Fait pendant au n° 60, à la troisième entrée avec une imitation presque exacte accrue par un effet de dissonance à la Lotti et renforcée par une sentimentalité «à la napolitaine». Au point de vue de la qualité artistique, le niveau est comparable à celui du n° 52.
63. Autre morceau plaintif, avec un accord de sixte augmentée assez rare dans les canons. C'est là un point délicat de l'intonation, de même que l'intervalle de quarte diminuée qui intervient vers la fin!
64. Tout le morceau est une seule suite de séquences.
65. L'idée de fond est une imitation de rare beauté (2ème entrée!). Voir la note du n° 60 pour ce qui est de la difficulté d'intonation.
66. Cf. le n° 63 pour l'intonation. Fait pendant au morceau précédent.
67. Se rattache aux deux précédents.
68. Morceau hardi plein d'humour, avec des effets dissonants utilisés librement. Il pourrait symboliser trois personnages se disputant avec acharnement, et se prenant aux cheveux.
69. Même chose qu'au n° 53, mais avec la difficulté supplémentaire d'un changement de mesure.
70. La remarque portant sur le n° 63 est partiellement valable dans ce cas aussi; peut constituer une préparation au n° 29, qui est encore plus difficile.
71. Canon d'un type rare, avec des entrées très rapprochés qui résultent des strettes de la fugue. L'effet polyphonique est contrebalancé par l'absence de décalage rythmique.
72. Morceau plein d'enseignements, mais un peu trop sophistiqué. Les efforts y sont plus sensibles que les beautés.
73. Formules rappelant celles de la trompette, avec des motifs caractéristiquement «galants» et un gracieux mouvement dansant.
74. Telemann semble se vanter dans ce morceau de son savoir du langage baroque ancien; mais il trouve aisément une solution lorsque la situation contrapuntique devient sérieuse en faisant taire la voix déjà en chemin. Cette méthode sera aussi fréquente aux époques ultérieures, dans le cas d'entrées rapprochés.
75. Morceau plein d'enseigmements pour les élèves, surtout pour les instrumentistes débutants.
76. Même remarque.
77. Même remarque, cette fois pour le Menuet.
78. Même remarque, cette fois pour la Sicilienne.
79. Mêmes objectifs que précédemment, mais dans une version beaucoup plus simple et sans prétention.
    Sorte de «plaisanterie familiale».

80. Se rattache à la pièce précédente.
81. Chant de salutation d'écoliers.
82. Salut au printemps, avec chant de coucou.
83. Canon pour réunion de société en fêtes, avec sonneries de cloches.
84. Morceau alambiqué, provoquant l'admiration pour son inventivité.
85. Pièce «galante» d'une très grande légèreté.
86. Avertissiment d'un maître sage, sous une forme toute de finesse ...
87—88. Le vieux maître de Mozart accumule les lieux communs en vogue, mais avec une telle adresse qu'on oublie le contenu pour jouir de la forme.
89. Là encore, c'est l'élaboration qui élève cette bagatelle au niveau «académique».
90. Ce morceau s'adresse à une joyeuse compagnie.
91. Plaisanterie ironisant sur les platitudes de la conversation.
92. «Apres la pluie, le beau temps», en version concentrée.
93—94. Canons dits «doubles», avec contrepoint de l'école de Fux. Un bon exemple de la manière dont le style rococo concevait la polyphonie, pour la plus grande gloire de l'Académie de Bologne. Par contre, elle n'est pas facile à bien chanter.
95 à 105. Onze canons de maître, improvisés pour des réunions de société. Mozart écrivait ce genre de morceaux lorsqu'il était avec des amis, pour s'amuser sur l'heure. Ces pièces sont des perles rares du grand classicisme ayant dépassé le rococo.
106 à 125.Lorsque le paternel ami de Mozart écrivait un canon, il procédait exactement à l'opposé du jeune génie qu'il reconnaissait comme étant le plus grand des musiciens. Haydn pratiquait en effet le genre du canon social en tant qu'école du soin contrapuntique, de la prudence et d'une pureté cristalline. Pour cette raison, ses œuvres dans ce genre ne sont pas des chefs—d'œuvre de circonstance, mais des bagatelles valant leur pesant d'or. Un chœur peut être légitimement fier si son exécution fait se profiler le portrait de ce remarquable humoriste. Ces morceaux sont en partie pour chœur à voix égales et en partie pour choœur mixte! Les n° 124 et 125 sont des canons à la quinte.
126 à 131. En Angleterre (et surtout à Londres), les *«catch—clubs»* étaient fort populaires. La principale distraction offerte par ces groupements musicaux consistait à chanter en commun avec un bel enthousiasme.
132. Reichardt fut l'un des meilleurs maîtres du lied avant Schubert. On a coutume de mentionner son nom avec celui de Zelter, qu'admirait beaucoup Goethe, mais son imagination musicale était plus libre que celle du maître berlinois.
133. Produit tardif de la vogue alors centenaire des «chants de coucou».
134 à 138. Le compositeur de ces pièces est le même Salieri (maître de chant et compositeur italien qui était installé à Vienne) qui figure en tant qu'intrigant de la plus belle eau dans «Mozart et S.» de Rimsky—Korsakov. Si l'histoire l'a lavé du soupçon d'assassinat qui pesait sur lui, les déclarations qu'il fit à l'occasion de la mort de Mozart sont restées dans la chronique: il vit en effet dans la disparition prématurée de celui—ci une chance extraordinaire pour la colonie italienne de Vienne, pour qui Mozart représentait un rival par trop dangereux... Le n° 135 contient une imitation de sonneries de cloches de diverses tailles. Quant au n° 137, il constitue une épreuve épineuse de l'intonation juste, avec une modulation d'une soudaineté fort humotistique.
139 à 166. Le célèbre directeur du Conservatoire de Paris comptait au nombre des rares musiciens dont Beethoven ait eu une haute opinion. On sait quelle influence profonde le style lyrique de Cherubini exerça sur le maître de Bonn dans son «Fidélio». C'est ainsi que le canon social du premier acte pourrait à juste titre être attribué à ce compositeur italien devenu français. Le série qui figure dans notre collection porte le sceau du classicisme le plus noble, et elle illustre bien la qualité des œuvres qui

firent dans le Paris de la fin du siècle contrepoids aux romances du type amateur qui étaient à la mode. Le n° 142 constitue un pendant au plan de l'enseignement du chant à la pièce pour quatre mains de Haydn sur l'enseignement du piano; le morceau tourne en effet en dérision les apprentis-solfieurs. Ce genre de composition était lui aussi à la mode alors, depuis le *«Maestro di musica»* de Pergolèse. Dans *«Le Barbier de Séville»* de Rossini, la leçon de chant est conçue sur le mode ironique, et c'est en fait un prétexte de rencontre pour les amoureux. L'enseignement de la musique en tant que situation humoristique a été largement exploité, jusqu'à Debussy («Doctor Gradus ad Parnassum»). Le n° 153 constitue un immortel exemple d'imitation à entrée en strette et à déplacement d'accent, et de la manière dont une contradiction permanente se transforme en fin de compte en unité. Le n° 165 montre aussi combien Cherubini connaissait à fond et respectait les acquis de ses prédécesseurs (Caldara).

167. La pratique la plus active du chant scolaire à orientation populaire a été commencé et développé par Nageli en Suisse. L'équivalent de ce que le mouvement Kodály est en Hongrie commença une centaine d'années plus tôt dans les pays occidentaux. Ce menuet de Hering (instituteur à Bautzen), écrit «pour prendre goût», constitue une modeste contribution à cette activité.

168 à 172. Henri Berton, fils de Pierre Berton, fut surtout populaire pour les opéras révolutionnaires qu'il composa à l'époque fiévreuse qui suivit 1789. Ses canons ne sont pas aussi élégants que ceux de Cherubini; la plupart seraient plutôt des chants homophones, avec un accompagnement simple s'y adjoignant progressivement. Le n° 169 est un pamphlet raillant le sentimentalisme en amour; le n° 170 illustre avec éclat la vogue que connaissaient alors les marches du type de La Marseillase. Le n° 172/a est un *canon à la quarte* présentant un changement d'accord ingénieux, mais c'est par ailleurs assez l'œuvre d'un dilettante : il s'agit en fait d'une série d'accords dissociés en parties. Le morceau est par contre extrêmement instructif pour ce qui est de l'intonation juste! (Il est aussi beaucoup plus difficile que le n° 183, qui permet de s'exercer au chromatisme). L'effet polyphonique se trouve renforcé si l'on chante en même temps le n° 172/b, qui forme lui aussi un tout en soi. L'idée de départ est une idée de musique à programme : le morceau chromatique symbolise le pessimisme, le morceau diatonique illustre l'optimisme, et les deux chantés ensemble représentent la *totalité* cosmique dans lequelle les contraires les plus antagonistes finissent par faire fusion. Il s'agit donc là d'une musique à tendence philosophique tout comme, en grand, la Tétralogie de Wagner. Cela n'empêche que les élèves aiment généralement ce morceau. Ce genre de structures à composition successive était surtout populaire aux XVe et XVIe siècles. On en trouvera un exemple moderne dans le n° 145 des *«Mikrokosmos»* de Bartók, pour ce qui est de la polyphonie véritable.

173 à 180. Les œuvres les moins caractéristiques de Beethoven sont ses morceaux pour le chant. Ses canons sont sans exception de plaisantes compositions de circonstance faisant une concession à la vogue mondaine de l'époque. Le n° 176 est une version transposée au plan du chant de la plaisanterie sur le maître de piano (cf. le n° 142). Mais les autres morceaux résultent plutôt eux aussi d'une conception instrumentale. Le n° 179 présente de l'intéret au point de vue de l'histoire de la musique : le point de mire est en effet Malzel, l'inventeur du métronome, et c'est *de ce morceau* que procède l'immortel scherzo de la Huitième Symphonie. En même temps, on y trouve un rare exemple d'observance impitoyable du tempo! (Sans changements agogiques, la musique vivante est inconcevable. Toute exécution suivant mécaniquement le rythme du métronome est dégradée au niveau intellectuel d'un exercice technique). C'est en fait ce qui lui confère un humour si irrésistible.

181. Le célèbre chef d'orchestre de Weimar (qui fut un important précurseur de Chopin

de la composition pianistique) représente un moyen terme entre Mozart et le romantisme; ce morceau sans prétention permet de juger combien il était «mozartien».

182 à 187. Canons didactiques, mettant à l'épreuve l'habileté à trouver la note juste.

188. Similaire au n° 71, mais avec plus de recherche dans les accords. Weber était l'un des plus conscients et des plus hardi expérimentateurs de la technique. Même après le «Freischütz», il ne s'endormit pas sur ses lauriers, et chercha constamment à parvenir plus haut.

189 à 194. Kuhlau, qui n'était selon le célèbre jeu de mots de Beethoven «ni bovin, ni tiède» *(Weder Kuh, noch lau)*, n'est guère connu de nos jours que pour ses sonatines pleines d'enseignements, alors qu'il s'agissait d'un musicien fort doué aux talents très multiples, qui jeta les bases de l'opéra danois par le travail qu'il réalisa à Copenhague. Ses canons font eux aussi partie des produits pleins de gaieté de son esprit. Le n° 191 est particulièrement amusant, du fait que la plaisanterie du maître de piano (cf. n° 142 et 176) débouche brusquement sur un ton mineur des plus mélancoliques, pour revenir tout aussi soudainement au majeur plus loin. Le n° 194 rappelle un vieux couplet français.

195 à 207. Les canons de ce professeur d'école normale de Silésie représentent certainement le niveau le plus élevé du mouvement de chant scolaire dont il a été question dans la note du n° 167.

208–209. Hauptmann est surtout connu pour ses ouvrages théoriques, mais ce n'est pas sans raison que Mendelssohn l'appréciait : ses nombreuses œuvres vocales témoignent en effet d'une inventivité pleine de finesse.

210 à 213. Ces canons ne valent pas les chefs-d'œuvre de Schubert, mais ils sont gracieux et sonnent fort joliment. Il vaut la peine de comparer le n° 213 au n° 99, ce qui permet de juger de la différence existant entre ce romantique aimant passionnément l'art de Mozart et son grand prédécesseur. Dans le grand classicisme, c'est la fermeté de la conduite des parties qui domine, alors que dans le romantisme, la suprématie revient à une moelleuse *«Liederseligkeit»* (approximativement : griserie du chant).

214–215. Schreier, un musicien de Kolozsvár était un épigone des classiques viennois. Ces deux morceaux ingénieux ont été retrouvés, comme tant d'autres documents de l'histoire de la musique hongroise, dans les archives de l'École de Musique de Budapest.

216–217. Franz Lachner faisait partie du cercle des amis de Schubert. Le motif taquin des mesures 9 et 10 du n° 217, dans le style populaire viennois, fait aussi son apparition chez Schubert, dans l'intermède de «Rosamunde».

218–219. Pendant un temps, Schumann dirigea une société chorale féminine, pour des raisons sociales; c'est cette activité qui l'amena à composer des improvisations pleines de grâce de ce genre. Mais ses canons ne sont pas à la hauteur de la plupart de ses œuvres chorales. Par ailleurs, ses efforts dans le domaine contrapuntique sont loin d'être casuels, comme le démontrent ses fugues sur BACH et ses *«Studien»* pour piano en forme de canon.

220. Pièce didactique par un des suivants nombreux de Cherubini.

221–222. Ce morceau qui est de la plume d'un excellent enseignant fait la joie des écoliers. Koehler était d'ailleurs un professeur de piano fort renommé.

223 à 231. Ces chœurs pour voix de *femmes* de Brahms (qui ne sont nullement faits pour des voix d'hommes!) ont une origine comparable à ceux de Schumann (cf. 218–219), ceci que ces œuvres comptent au nombre des compositions les plus nobles du musicien. Non seulement le remarquable maître romantique, qui s'installa à Vienne, sélectionna avec un goût admirable les textes qu'il mit en musique, mais encore il suivit dans son écriture vocale la tradition des grands madrigalistes des temps anciens. Le n° 230 est un canon double à la quinte.

ELŐSZÓ A 2. KIADÁSHOZ

E kánonokat az 1910-es és 20-as években gyűjtöttem össze külföldi ódondászjegyzékek alapján. Több ország antikváriumaival álltam levelezésben és számos darabhoz régi, kéziratos másolat útján jutottam. Mikor *Jöde* gyűjteménye, „Der Kanon" (1926) megjelent, csak alig néhány olyan darabot vehettem át belőle, ami ne lett volna már meg a magam összeállításában. Hogy a kiváló német mester nem ismerhette munkásságomat, nemcsak a dátumból következik (az én füzeteim 1928-ban láttak nyomdafestéket), hanem kettős a bizonysága: 1. egy csomó kánon található már az 1921-ben megjelent Szolfézs-tankönyvemben azok közül, amiket Jöde később, friss fölfedezésként publikált, 2. 1928-as gyűjteményem számos mesterdarabot tartalmaz, ami a Jödéből hiányzik.

Jelen gyűjtemény kezdettől fogva a szolfézs-tanítás szerves kiegészítését szolgálja. Az eredeti szövegek, illetve megfelelő fordításuk azért marad el, hogy kellően ki legyen emelve a pedagógiai cél. Oda ti. *szolmizáció* vezet. Társasági használatra persze helyes volt szöveggel látni el a kánonok egy részét, az 1930-as, 40-es évek nem egy kiadásában.* Ezeknek gyakran észlelhető hibája azonban, hogy túlságosan is eltérnek az eredeti szövegtől. Azonkívül pedig elfeledték közölni a *forrást*: honnan jutottak a darabokhoz. Ugyanez áll a további felhasználásokra nézve is. (Tudományos és művészi téren nem való a szerzőt vagy gyűjtőt kriptogám szerepre szorítani!)

Művelésre aligha kell ajánlani e darabokat. A szolfézs szerencsére annyira elterjedt már s kivált oly kedvelt a kánon-éneklés, hogy dicsérete iróniának hatna, mint Erasmusnál a balgaságé. De mégsem hallgatható el, mennyire hozzájárul e tárgykör *a legszélesebb tömegek* zenei fölemeléséhez.

1955. január *Molnár Antal*

* A kánon-éneklés kivirágoztatása körül elsősorban a Magyar Kórus vállalat szerzett érdemeket.

A *sajtóalárendező* feladata nem volt nehéz. Az I. kiadás zeneileg értékes anyagát majdnem teljes egészében felhasználhattuk, csupán a sorrend megváltoztatása látszott szükségesnek. Az eredetileg három füzetben megjelent kánonok jelen kiadásban zenetörténeti sorrendben és egy kötetben kerülnek a közönség elé. Az I. kiadás hangnemeit megtartottuk. Változatossá teszi a relatív-szolmizálást és alkalmat ad az egész kvintkör bejárására.

Hatszáz év kánon termése – a XIV. századi ismeretlen szerzőtől Brahmsig –, választékos anyagot ad mind dallamban, mind feldolgozásban. Nehézségi sorrendet nem állítottunk fel, ezt a közreműködők felkészültsége szabja meg. Mindenesetre négy szempontot vegyünk figyelembe, amikor kiválasztjuk a sorra kerülő művet. Nagyon fontos az ambitus egyeztetése, a szép éneklés alapfeltétele a jól megválasztott hangterjedelem. A két oktávot kerülgető műveket a felnőttekből álló együttesekkel, a kisebb terjedelműeket pedig a most fejlődő hangúakkal énekeltessük. Kezdőkkel kisebb szólamszámú és rövid terjedelmű műveket vegyünk. Négy ütem terjedelmű és kétszólamú kompozíciótól széles anyagot nyújt e gyűjtemény a legbonyolultabb kánonig. Előbb említettek a kiválasztás külső feltételei, a műveken belül jelentkező metodikai és ritmikai nehézség pedig a belső probléma. Ha e négy feltétel alapján választjuk ki az éneklésre szánt művet és az előírt tempót is betartjuk: szépen és értelmesen muzsikálhatunk.

Ének és hangszer együttesen is megszólaltathatja a kánont, a szólamok egyrészét énekeljük, a másik részét muzsikáljuk. (Da cantare o sonare ...!) Nagyon ajánljuk a kánonok szolisztikus éneklését (szólamonként egy énekes) az ének-tanszak növendékeinek. Belépési biztonság, önálló szólamvezetés ezekből könnyen megtanulható. Az ilyen tananyagon felnőtt énekesgárda a karmesterek öröme lesz.

Felhasználhatók még e kánonok a kezdő vonós- és fúvóshangszer tanításban; az együttesjáték egyik fokozata a kánon-játszás. Ily célra megfelelő jelekkel lássuk el a darabokat (vonás és fúvásnem). Ez irányban Jöde tette meg a kezdő lépéseket „Spielkanons" c. munkájával.

Agócsy László

JEGYZETEK

1. Jó példa a *dór*-hangnemre.
2. *a)* és *b)*: A fődallam *hipofrig*-hangnemű, a dupla értékekben mozgó (augmentált) másik szólam *frig*. A teljes művecske: *kvint-kánon*.
3. Korai dúr-hangnem jelentkezik benne.
4. Hangneme *eol*.
5. *Ión*-ban záruló *eol*-hangnem.
6. Augmentációs kánon. Az I. és III. rész hangneme *hipodór*, a III. rész hozzá még kettős ellenpontban és megfordításban (inverzióval) idézi az I. részt; a II. rész felső szólama *eol* hangnemben, meghosszabbításos alsó szólama *hipoeol* hangnemben énekel. Egyébként „Benedictus" a „L'homme armé" misében. Kitűnő példa németalföldi polifóniára.
7. Bonyolult kánon, benne a mély szólam ugyanazt énekli, amit a felső szólam, de 3 : 2 arányban lassított (augmentált) ritmussal; a középszólam ugyanazt, mint a mély, de kétszeresen augmentáltan és kvinttel magasabban. Tehát: *augmentációs és kvint-kánon*. A felső és alsó szólam hangneme *hipodór*, a középső *dór*-ban záruló *eól*. Eredeti szövege: az „Agnus Dei"-é.
8. *Mixolid*-hangnem.
9. *Hipoion*-hangnem.
10. *Fríg*-hangnem.
11. *Ión*-hangnem.
12. Hasonlóképpen.
13. *Hipodór*t éneklő *dór*-hangnem.
14. *Dór*-hangnemű.
15. Mint a 11. számú. Gregorián témára épül (Ave Maria).
16. Pontosan jelzi a régi *eol*-hangnem kezelésmódját. Fölemelt 7. fokot (subsemitonium modi-t) csak súlyos zárlatban alkalmaz.
17. Mint az előző darab.
18. Hangneme: *mixolid*.
19. Mint a 11. számú.
20. Közeledést jelez valódi *dúr*-hangnem felé.
21. Hiányzik a 6. foka s így akár *eól*, akár *dór* hangnemhez tartozhat.
22. Hangneme: *hipoión*.
23. Kontrapunktikus szerkezete hasonló a 18., 19. és 20. számúéhoz.
24. *Mixolid*-hangnemű.
25. Mint a 16. számú.
26. Ide is illik a 23-hoz fűzött megjegyzés. Hangneme: *hipoeól*.
27. Hangneme: *dúr*-hoz közeledő *hipoión*, mint gyakran Lassónál.
28. Hangneme: *dúr*; szerkezetére nézve lásd a 23.-hoz fűzöttet.
29. E *g*-moll darab a gazdag kromatikával kibomló barokk érzelmiségre jellemző.
30. Szintén *moll*-hangnemben, jellegzetes késleltetésekkel.
31. Abban rokona az előbbinek, hogy kezdő motívuma mintegy *mottóként* vonul a gondolatok élén.
32. Tisztára *dúr*-hangnemű. Varázsa, hogy a normálisnak szerkesztett darab egyúttal kvart- és kvint-kánont is rejt, de csak éppen jelezve.

33. Szellemes megoldása abban áll, hogy az utánzó szólam egy negyeddel eltolja a téma ritmusát, vagyis hangsúly-cserét végez. (Mintha ezt a megjegyzést: „Ének-korál-ék" így mondaná ki: „Én ekkor állék".)
34. Nemcsak hatásos késleltetés-sorozatnak, de a barokkban szokásos szekvenciázásnak is jó példája.
35. Könnyed derűjét fokozza a 3. belépéssel előálló imitációsorozat. Táncdarabokra emlékeztet.
36. „Ecce homo" hangulatában fontos tényező a Lotti óta gyakorolt éles disszonáns-hatás. (Lásd Lotti híres „Crucifixus"-ait!)
37. Méltóságteljes tánc, a későbbi belépésekben ál-imitációval, mint a 32- számúban. Lásd hozzá a 42.-et.
38. Enyhébb kiadásban hasonló, mint a 36. sz.
39. Élénk tánc, hasonló igyekezettel, mint a 37.-nél megjegyzett.
40. Tipikus iskola-darab (növendékeknek); az előbbi megjegyzés ide is szól.
41. Szerényebb formában hasonló tendenciával, mint a 36. számúé.
42. Ide is érvényes az ál-imitációról szóló megjegyzés (37); ily esetben Caldara többnyire a fúga dux-comes viszonya szerint érvényesíti a tonális választ.
43. Jálék-kánon lefelé-eső trichord incselkedésével, könnyed imitációs szellemességével.
44. Kontrapunktikus eszméje, mint a 37.-ben.
45. Szerkezetében hasonló, mint a jelzett előbbiek. Régies alluzióval a *dór*-hangnemre, mollon belül.
46. Ugyanaz a szerkezeti típus; egykorú orgona-toccaták csendes középrészeire emlékeztet.
47. Mint a 41.
48. Típusa, mint a 42- sz.-é, a 3. belépésnél hangsúly-eltolódással.
49. A gregorián-énekkincsből származó téma közhelyszerű a barokk stílusban. Bach a Wohltemperiertes Klavier-ban alkalmazza testvérét az I. kötet *b*-moll fugájához. Ide is érvényesek fenti megjegyzések az ál-imitációról. A 2. belépésnél: hangsúly-eltolódás.
50. Hangulatban előbbinek párja, de imitációs menetei kitartóbbak.
51. A Palestrina-stíluson nevelkedett mester „szigorúnak" szánt modorát tükrözi, ellenmozgásos ellenponttal a 2. belépésnél.
52. Caldara egyik kiemelkedő mester-darabja, kiválóan hatásos ál-imitációkkal, a kezdeti szinkópa ritmikus eltolódásával a 3. belépésnél. Hangulatát jól alátámasztja a zárlat szubdominánsként alkalmazott, „nápolyi" módon kromatizált szext-akkord.
53. Iskola-kánon, melyben a fej-motívum itt is, ott is felbukkan, követve a kontrapunkt-oktató instruktív célzatát.
54. Szerényebb igényű, de hasonló tendenciával, mint a 29. sz.
55. Közel a 44. sz. típusához.
56. Mint a 42., hangsúly-eltolódással a 2. belépésnél.
57. Testvére a 36., 38-nak, méginkább a 49.-nek. A szólambelépést követő szűkített-szeptimhangzat Caldara operai Lamentó-iból került ide.
58. Az előbbi megjegyzés első mondata ide is vág.
59. Az 52.-nek párja. Itt nem szext-fordításban, hanem alapállásban jelenik meg a „nápolyi" hangzat.
60. Kontrapunktikus művészkedés nélkül, de az 5 sz. modorában. Egyúttal tanulságos szekundáthidalásokkal a szűkített-harmad hangköz tiszta intonálására. (Az előbbi kánonban *esz-cisz* szintén ilyen módszerrel lehet kifogástalanul tiszta, de ott az áthidalást csak *elképzelni* kell!)
61. Az 53. oktató céljával.
62. Párja a 60.-nak, a 3. belépésnél Lotti-féle disszonáns-hatással fokozott, „nápolyi" érzelmességgel erősített, csaknem pontos imitációval. Művészi értékben az 52. mellé kívánkozik.

63. Szintén a sirámos darabok egyike, kánonban elég ritka „bővített-szexthangzat"-tal. Ez kényes az intonációban, úgyszintén a befejezés közelében föllépő szűkítettkvart-lépés.
64. Az egész darab egyetlen szekvencia-sorozat.
65. Ritka-szép imitáció az alapgondolata (2. belépés!). Lásd a 60.-hoz fűzött megjegyzést a nehéz intonációra nézve!
66. Lásd a 63.-at, ami az intonálást illeti; egyébként előbbinek párja.
67. Előbbi kettőhöz csatlakozik.
68. Humoros, merész darab, szabadon használt disszonáns hatásokkal. Három szenvedélyesen vitázó személyt jellemezhet, akik hajbakapnak.
69. Mint az 53., de ütem-változással nehezítve.
70. A 63.-hoz fűzött megjegyzés részben ide is talál; előkészíthet a még nehezebb 29.-re.
71. Ritka fajta kánon, szűk távolságú belépésekkel; ezek a fúga torlódásaiból (szűkmenet) származnak. Polifón igyekezetét ellensúlyozza, hogy lemond a ritmuseltolódásról.
72. Tanulságos darab, de nem tagadható meg tőle némi kiagyaltság. Több a szorgalma, mint a szépsége.
73. Trombitaszerű képletek, jellegzetes „gáláns" motívikával, kecses táncmozgással.
74. Telemann itt mintegy eldicsekszik a régi barokk zenén nevelt tudásával; de mihelyt súlyossá válik a kontrapunktikus helyzet, könnyen segít magán: szünetelteti az útban lévő szólamot. E módszer aztán gyakori a további korokban is, mihelyt kistávolságúak a belépések.
75. Tanulságos növendék-darab, inkább kezdő hangszereseknek.
76. Ugyanúgy.
77. Ugyanúgy; egyúttal „Menüett".
78. Ugyanúgy; egyúttal „Siciliano".
79. Hasonló célzatú, jóval egyszerűbb, igénytelenebb kiadásban. Afféle „családi tréfácska".
80. Csatlakozik előbbihez.
81. Kis-iskolások üdvözlő dala.
82. Tavasz-üdvözlet, kakukk-szóval.
83. Társasági-kánon, ünnepre, harangszóval.
84. Kiagyalt darab, találékonyságát csodáltatja.
85. Pehely-könnyedségű „gáláns"-darab.
86. A bölcs mester intelme; finom formában.
87–88. Mozart idős tanítója korszerű közhelyekkel dobálódzik, de oly ügyesen, hogy megfeledkezünk a tartalomról és élvezzük a formát.
89. Ismét a tervezés emeli e bagatellt „akadémiai" magaslatra.
90. Jókedvű társaságnak szól.
91. Lapos csevegést ironizáló tréfa.
92. A „borúra derű" rövid foglalata.
93. és 94. Ún. kettős (dupla) kánonok, Fux-féle iskola-ellenponttal. Jól példázzák, hogy mit ért polifónián a rokokó, a bolognai Akadémia nagyobb dicsőségére. De jól elénekelni nem könnyű.
95–105. sz. II rögtönzött mester-kánon, társasági célokra. Mozart a barátai körében írt ilyeséléket, tüstënti mulatság szándékával. A rokokóból kinőtt nagyklasszicizmus elhullajtott gyöngyei.
106–125. Mozart atyai jóbarátja épp ellenkezőleg járt el kánon-íráskor, mint az általa legnagyobb zenésznek elismert fiatalabb lángész. Haydn az ellenpontozó gondosság, óvatosság és kristálytisztaság iskolájaként művelte a társasági kánon műfaját. Épp ezért e nembeli alkotásai nem amolyan alkalmi remekek, hanem aranyértékű bagatellek. Bármely énekkar büszke lehet, ha előadása nyomán kimintázódik a hatalmas humorista portréja. A darabok részint egyneműkarra, részint vegyeskarra valók! A 124., 125. sz. kvint-kánon.

126–131. Angliában (főként Londonban) igen népszerűek voltak a *catch-club*-ok. Főmulatság ezekben a zenei egyesülésekben a lelkes társasági ének.

132. Reichardt a Schubert előtti dalirodalom jelentős képviselője. Zelterrel, Goethe kedvencével szokás együtt említeni, de zenei fantáziája szabadabb a berlini mesterénél.

133. Az évszázados múltú kakukk-utánzó divat egyik kései terméke.

134–138. Szerzőjük ugyanaz a Salieri (bécsi olasz énektanár és zeneszerző), aki Rimszkij-Korszakov „Mozart és S." című dalművében méregkeverő intrikusként szerepel. A gyilkosság vádja alól felmentette őt a történelmi ítélőszék, ellenben fönnmaradtak kijelentései Mozart halála alkalmából, amelyek szerint ezer szerencse volt a bécsi olasz zenész-kolónia számára Mozart korai pusztulása: túlságosan veszélyes versenytársuk esett ki! A 135. sz. különféle nagyságú harangokat utánoz. A 137.: tiszta intonáció fogas próbája, humoros hirtelenségű modulációval.

139–166. A párizsi Conservatoire nagynevű igazgatója a kevesek közé tartozik, akikről Beethovennek igen kedvező volt a véleménye. Köztudomású, hogy a „Fidelio" stílusára mily alapos hatást gyakorolt Cherubini az operai modorával. Így p. o. „Fidelio" I. felvonásbeli társasági kánonja joggal viselhetné a franciává vált olasz maestro nevét. A gyűjteményünkben lévő sorozat magán őrzi a nemes klasszicizmus bélyegét. És jól példázza, minő ellensúlyok kerültek mérlegre Párizsban, szemben a műkedvelő-hangú Románcok serpenyőjével a századforduló táján. A 142. sz.: énektanári párja Haydn négykezes zongoratanár-darabjának: kezdő szolmizációs nebulókat gúnyol ki. Ez is korszerű divat akkoriban, Pergolesi daljátéka, a „Maestro di musica" óta. Rossini „Sevillai borbély"-ában az ennekóra ironikus hangú, ürügy szerelmi légyottra. Zenetanítás, mint humorforrás, gazdagon ömlő alkalom, föl egészen Debussyig („Doktor Gradus ad Parnassum"), az irodalomban Karinthyig. A 153. sz. halhatatlan példája szűkbelépésű és eltolt hangsúlyú imitációnak: miként olvad egységgé az állandó ellentmondás. A 165. sz.-ból is kitetszik, mennyire ismerte és méltányolta Cherubini az elődök (Caldara) vívmányait.

167. Nageli óta Svájcból indult ki az elemi-iskolai ének élénkebb és népies irányú művelése. Ami nálunk a Kodály-mozgalom, az Nyugaton kb. száz évvel régibb. Egyik szerény járuléka Hering, bautzeni tanító úr menüettje, „kedveltetés" jegyében.

168–172. Az ifjabbik Berton legfőképp forradalmi operák ünnepelt szerzője volt a francia forradalom utáni idők lázában. Kánonjai nem oly disztingváltak, mint a Cherubini-félék; legtöbbjük inkább homofón dal, fokozatosan hozzájáruló, egyszerű kísérettel. A 169. sz. gúnyirat a szerelmi érzelgősségre; a 170. sz. élénken mutatja, mit jelentett akkoriban a Marseillaise-szerű indulók elsodró divatja. Ravasz akkord-váltó *kvart-kánon* a 172/a. sz., meglehetősen dilettantikus beállítással; tulajdonképpen szólamaira bontott hangzatsor. Rendkívül instruktív hangtisztasági próba! (Jóval nehezebb, mint a kromatika-gyakorló 183.) A polifónlátszatot felfokozza, ha hozzáénekeljük a szintén önmagában is teljes 172/b.-t. Indító gondolata program-zenei: a kromatizáló darab pesszimizmust, a diatonikus darab optimizmust jelképez, a kettő együtt kozmikus *teljességet*, melyben egybeolvadnak a sarkos ellentétek. Filozofikus irányú muzsika tehát, mint nagy arányokban a wagneri „Ring". Ennek ellenére kedvelik a növendékek. Ilyen szukcesszíve komponált szerkezet a XV–XVI. században volt legelterjedtebb. Újabb példaadással Bartók szolgál a Mikrokozmosz 145. számában, valódi polifónia kapcsán.

173–180. Beethoven legkevésbé jellegzetes művei: az énekes darabok. Kánonjai egytőlegyig alkalmi tréfák, hozzájárulva a társasági divathoz. 176. sz.: zongoramestervicc, átrakva énekbe (vö. a 142.-kel). De a többi is inkább hangszeres elképzelés szülöttje. Zenetörténeti érdekű a 179. sz.: Mälzelt ironizálja, a Metronóm feltalálóját; gondolata *innen*, e kánonból került át a VIII. szimfónia halhatatlan scherzó-jába. Egyúttal ritka példa könyörtelenül egyenletes tempóőrzésre! (Agógikai változások nélkül az élő muzsika el sem gondolható. Mihelyt metronómszerű az előadás, lesüllyed a technikai gyakorlat szellemi szintjére.) Tk. innen fakad ellenállhatatlan humora.

181. A hírneves weimari karmester (Chopin fontos elődje a zongorás kompozícióban) középutat képvisel Mozart és a romatika között; hogy mennyire „mozartias", ezen az igénytelen darabon is lemérhető!

182-187. Iskola-kánonok, hangeltalálás próbái.

188. Mint a 71. sz., csak haladottabb akkord-képzelettel. Weber a legtudatosabb, legtöbb próbás. technikusok egyike. Még a „Bűvös vadász" után sem nyugodott el babérjain, folyvást magasabbra törekedett.

189-194. Kuhlaut, aki Beethoven szójátéka szerint „Weder Kuh, noch lau" (sem tehén, sem langyos), ma már csak tanulságos szonatinái révén ismerik, holott sokoldalú és tehetséges muzsikus volt, tk. a dán nemzeti daljáték alapítója Koppenhágában. Szellemének derűs kincseihez tartoznak a kánonjai is. A 191. sz. tréfája, hogy a zongoratanári ingerkedés (vö. 142., 176.) váratlanul melankolikus mollba szökken, majd éppoly hirtelen visszazökken dúrba. A 194. sz. egy régi francia kupléra emlékeztet.

195-207. A sziléziai tanítóképezdei tanár kánonjai bizonyára legmagasabb fokon képviselik a 167. sz.-nál jelzett iskolai énekmozgalmat.

208-209. Hauptmann inkább elméleti írásairól nevezetes, de nem ok nélkül kedvelte őt Mendelssohn: számos vokális műve finom invenciójú.

210-213. Nem egyenrangúak Schubert mesterműveivel; de bájosak és igen jól hangzanak. A 213.-at érdemes összehasonlítani a 99.-kel; kiderül a különbség a Mozart-imádó romantikus és a nagy előd irányzata között. A nagy klasszicizmusban szólamvezető szilárdság, a romantikában lágy „Liederseligkeit" (dalos mámor) uralkodik.

214-215. Schreier kolozsvári zenész a bécsi klasszikusok epigonja. E két ügyes darab a budapesti Zeneművészeti Szakiskola kézirattárából került elő, mint a magyar zenetörténet annyi egyéb dokumentuma.

216-217. Lachner F. a Schubert-körhöz tartozik. A 217. sz. 9-10. ütemében incselkedő, bécsies (népies) motívum fölbukkan Schubert-nél is, a „Rosamunde" közzenéjében.

218-219. Egy időben Schumann társadalmi okokból női karegyesületet is vezetett; a működése késztette ilyen megkapóan bűbájos improvizációkra. De kánonjai nem mérkőzhetnek egyéb kórusdarabjainak zömével. Egyébiránt nem esetleges az ő kontrapunktikus törekvése; bizonyítják a BACH-fugák és a kánon-formájú, zongorás „Studien".

220. Iskola-darab a Cherubini-követők tárházából.

221-222. Kis-iskolások öröme, bevált pedagógus tollából. Koehler egyébként híres zongoratanár.

223-231. Brahms idevágó *női*, kórusai (férfihangon helyüket tévesztik!) hasonló származásúak, mint a Schuman-félék (lásd 218-219.). A különbség, hogy Brahmsnak legnemesebb alkotásai közül valók. A Bécsben megtelepedett kiváló romantikus mester nemcsak szövegeit válogatta meg kivételes ízléssel, hanem vokális írásmódját is a régi, nagy madrigalisták példáján nevelte. A 230. sz. kettős kvint-kánon.

ALPHABETICAL INDEX - TABLE ALPHABETIQUE
BETŰSOROS MUTATÓ

INDEX OF PARTS - INDEX PAR NOMBRE DE VOIX
SZÓLAMSZÁM MUTATÓ

German master / Maître allemand / Német mester
(15 th c. / XVe s. / 15. sz)
Moderato molto
1.
3 v.
Netherlandish master / Maître néerlandais / Németalföldi mester
(15th c. / XVe s. / 15. sz)
2. S *)
1. A
2.a
2 v.
* Entry of the part:
L'entrée de la voix:
Szólambelépés:
A
S
Molto moderato
2.b
2 v.

Moderato
Martin AGRICOLA (1486—1556)
3.
2 v.
1.
2.
Largo
Marbriano DE ORTO (1500 körül)
4.
2 v.
1.
2.
Maestoso
Josquin DES PRÉS (1450—1521)
5.
2 v.
1.
2.

Molto moderato
DES PRÉS
6.
2 v.
pars.
I. pars.
II. pars.
III. pars.

Moderato
DES PRÉS
7.

8.
5 v.
Largo
CLEMENS non Papa (1510—1556)
9.
3 v.
Moderato
Giovanni Pierluigi da PALESTRINA (1526—1594)
10.
2 v.
Largo
Bartholomeus GESIUS (1555—1613)
11.
3 v.
Moderato
Adam GUMPELZHAIMER (1559—1625)

Molto moderato
GUMPELZHAIMER
12.
4 v.
1.
2.
3.
4.
Moderato
GUMPELZHAIMER
13.
4 v.
1.
2.
3.
4.
Moderato
GUMPELZHAIMER
14.
5 v.
1.
2.
3.
4.
5.
Lento
GUMPELZHAIMER
15.
4 v.
1.
2.
3.
4.

Moderato
Christoph DEMANTIUS (1567—1643)
16.
4 v.
Largo
DEMANTIUS
17.
4 v.
Moderato
Michael PRAETORIUS (1571—1621)
18.
3 v.
Molto moderato
PRAETORIUS
19.
5 v.
Moderato
PRAETORIUS
20.
6 v.

Moderato
Christoph PRAETORIUS (?—1609)
21.
4 v.
1.
2.
3.
4.
Moderato
Ismeretlen mester (XVI. sz.)
22.
4 v.
1.
2.
3.
4.
Moderato
Erasmus SARTORIUS (1577—1637)
23.
7 v.
1.
2.
3.
4.
5.
6.
7.
Moderato molto
SARTORIUS
24.
4 v.
1.
2.
3.
4.

Moderato
Johann STADEN (1579—1634)
25.
8 v.
1.
2.
3.
4.
5.
6.
7.
8.
Moderato
STADEN
26.
6 v.
1.
2.
3.
4.
5.
6.
Moderato
Melchior VULPIUS (?—1615)
27.
4 v.
1.
2.
3.
4.
Moderato molto
Johann Rudolph AHLE (1625—1673)
28.
8 v.
1.
2.
3.
4.
5.
6.
7.
8.

29.
6 v.
Adagio
Giuseppe Ottavio PITONI (1657—1743)
30.
4 v.
Moderato
Jacopo Antonio PERTI (1661—1756)

Allegro moderato
PERTI
31.
3 v.
1.
2.
3.
Maestoso
Antonio LOTTI (1667—1740)
32.
5 v.
1.
2.
3.
4.
5.

Moderato
Antonio CALDARA (1670—1736)
33.
3 v.
1.
2.
3.
Allegro moderato
CALDARA
34.
3 v.
1.
2.
3.
Allegro moderato
CALDARA
35.
3 v.
1.
2.
3.

Largo
CALDARA
36.
3 v.
1.
2.
3.

Pesante
CALDARA
37.
3 v.
1.
2.
3.

38.
3 v.
Moderato
CALDARA
1.
2.
3.
39.
3 v.
Allegro
CALDARA
1.
2.
3.
40.
3 v.
Allegro
CALDARA
1.
2.
3.

41.
3 v.
Largo
CALDARA
1.
2.
3.
42.
3 v.
Andante
CALDARA
1.
2.
3.
43.
3 v.
Allegretto moderato
CALDARA
1.
2.
3.
44.
3 v.
Andante
CALDARA
1.
2.
3.

45.
3 v.
Molto moderato
CALDARA
1.
2.
3.
46.
3 v.
Molto moderato
CALDARA
1.
2.
3.
47.
3 v.
Largo
CALDARA
1.
2.
3.

48.
3 v.
Larghetto
CALDARA
1.
2.
3.
49.
3 v.
Lento
CALDARA
1.
2.
3.

50.
3 v.
Largo
CALDARA
1.
2.
3.
51.
3 v.
Allegro
CALDARA
1.
2.
3.

53.
4 v.

Andante

CALDARA

1. 2. 3. 4.

54.
3 v.
Adagio
CALDARA
1.
2.
3.
55.
3 v.
Allegro
CALDARA
56.
3 v.
Allegro moderato
CALDARA

57.
4 v.
Andante
CALDARA
1.
2.
3.
4.
58.
3 v.
Molto moderato
CALDARA
1.
2.
3.

Molto moderato
CALDARA
59.
3 v.
1.
2.
3.
Andante
CALDARA
60.
4 v.
1.
2.
3.
4.

Andante moderato
CALDARA
61.
3 v.
1.
2.
3.
Largo
CALDARA
62.
3 v.
1.
2.
3.
Lento
CALDARA
63.
3 v.
1.
2.
3.

64.
3 v.
Largo
CALDARA
1.
2.
3.
65.
3 v.
Largo
CALDARA
1.
2.
3.
66.
3 v.
Largo
CALDARA
1.
2.
3.

67.
3 v.
Moderato
CALDARA
68.
4 v.
Allegro
CALDARA
69.
3 v.
Andante
CALDARA

Andante
CALDARA
70.
3 v.
Pesante
Georg Philipp TELEMANN (1681—1767)
71.
4 v.
Moderato
TELEMANN
72.
3 v.

Pomposo
73.
2 v.
TELEMANN
Andante moderato
74.
4 v.
TELEMANN

Moderato

TELEMANN

76.
4 v.

1. 2. 3. 4.

Allegro moderato
TELEMANN
77.
3 v.
1.
2.
3.
Andantino
TELEMANN
78.
3 v.
1.
2.
3.

Moderato
J. C. STIERLEIN (XVIII. sz.)
79.
4 v.
Adagio
STIERLEIN
80.
8 v.
Moderato
Anon (18th c. / XVIIIe s. / 18. sz)
81.
2 v.
Allegretto
Anon (18th c. / XVIIIe s. / 18. sz)
82.
3 v.
Moderato
Anon (18th c. / XVIIIe s. / 18. sz)
83.
4 v.

Anon (18th c. / XVIIIe s. / 18. sz)
Moderato
84.
8 v.
Allegretto
Padre G. B. MARTINI (1706—1784)
85.
3 v.
Moderato
MARTINI
86.
6 v.

87. 3 v. — MARTINI

Moderato, con brio
1.
2.
3.

88. 3 v. — MARTINI

Andantino
1.
2.
3.

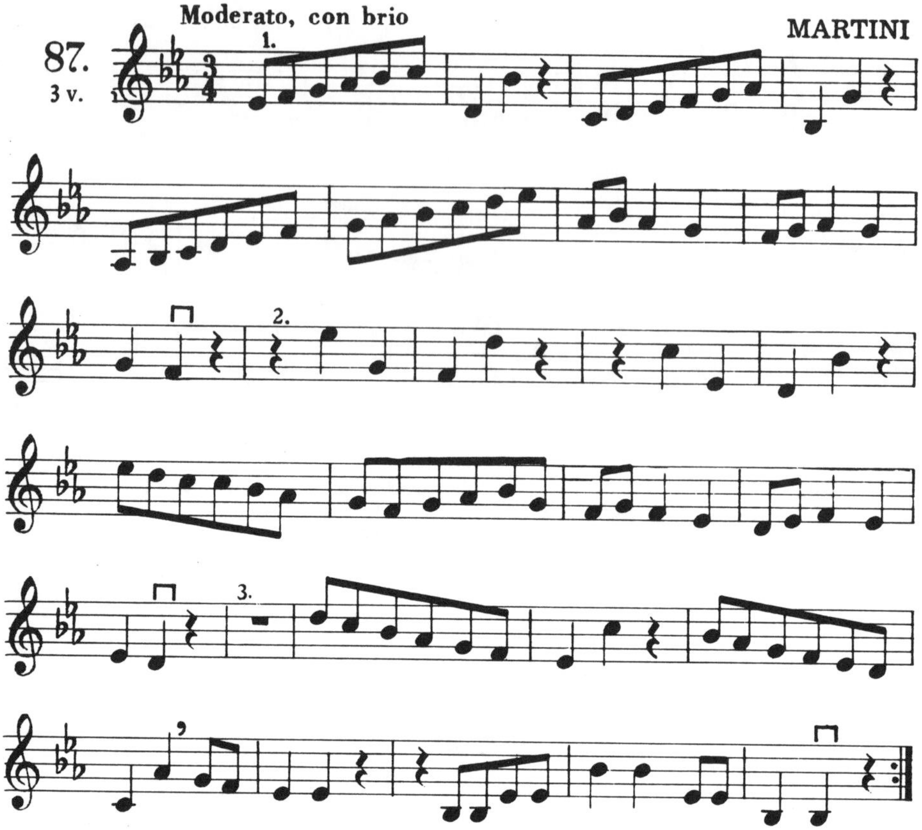

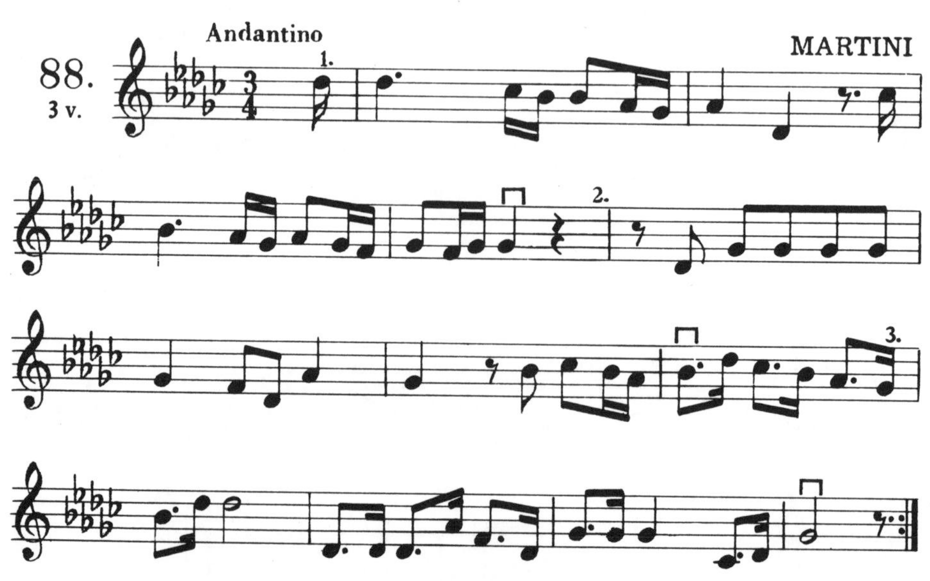

89.
3 v.
Moderato
MARTINI
1.
2.
3.
90.
3 v.
Alla danza (Moderato)
MARTINI
1.
3
2.
3.

Allegro non troppo
MARTINI
91.
4 v.
1.
2.
3.
4.

Un poco lento
MARTINI
92.
3 v.
1.
2.
3.
Moderato
MARTINI
93.
4 v.
1.(S)
2.(T)
1.(A)
2.(B)
Allegro
MARTINI
94.
4 v.
1.(S)
2.(T)
1. (A)
2. (B)

Andantino
Wolfgang Amadeus MOZART (1756—1791)
95.
3 v.
1.
2.
3.
Allegro
W. A. MOZART
96.
6 v.
1.
2.
3.
4.
5.
6.
Allegro moderato
W. A. MOZART
97.
4 v.
1.
2.
3.
4.
Allegro, non troppo
W. A. MOZART
98.
6 v.
1.
2.
3.
4.
5.
6.

Andante mosso
W. A. MOZART
99.
3 v.
1.
2.
3.
Moderato
W. A. MOZART
100.
4 v.
1.
2.
3.
4.

101.
3 v.
Allegro
W. A. MOZART
1.
f
p
f
p
2.
mf
cresc.
f
p
p
f
p
3.
f
p
p
sf
p
102.
3 v.
Moderato molto
W. A. MOZART
1.
2.
3.

103.
4 v.
Allegro
W. A. MOZART
1.
2.
3.
4.
104.
3 v.
Andantino
W. A. MOZART
1.
2.

3.
Larghetto
W. A. MOZART
105.
4 v.
1.
2.
3.
4.
Largo
Joseph HAYDN (1732—1809)
106.
4 v.
1.
2.
3.
4.

Moderato
107.
4 v.
J. HAYDN
1.
2.
3.
4.
Andante
108.
3 v.
J. HAYDN
1.
2.
3.
Moderato non troppo
109.
5 v.
J. HAYDN
1.
2.
3.
4.
5.

Amabile
110.
4 v.
J. HAYDN
Larghetto
111.
5 v.
J. HAYDN
Moderato
112.
6 v.
J. HAYDN
Andantino
113.
4 v.
J. HAYDN

Maestoso
J. HAYDN
114.
3 v.
1.
2.
3.
Andante
J. HAYDN
115.
4 v.
1.
2.
3.

4.
Andante
116.
5 v.
1.
J. HAYDN
2.
3.
4.
5.

117.
3 v.
Allegro
J. HAYDN
1.
2.
3.
118.
3 v.
Moderato
J. HAYDN
1.
2.
3.
119.
5 v.
Allegro moderato
J. HAYDN
1.
2.

120. 4 v.

Allegro

J. HAYDN

Andante
121.
4 v.
J. HAYDN
1
2
3
4
Allegretto
122.
4 v.
J. HAYDN
1. (S)
2. (A)
3. (T)
4. (B)

Allegro

123. J. HAYDN

4 v.

1. (S)

2. (A)

3. (T)

4. (B)

Allegretto moderato
J. HAYDN
124.
2 v.
Moderato
J. HAYDN
125.
2 v.

Allegro
Philip HAYES (1738—1797)
126.
6 v.
1.
2.
3.
4.
5.
6.
Moderato
HAYES
127.
3 v.
1.
2.
3.
Marziale
HAYES
128.
6 v.
1.
2.
3.
4.
5.
6.
Lento
HAYES
129.
4 v.
1.
2.
3.
4.

Allegro moderato
HAYES
130.
4 v.
1.
2.
3.
4.
Cordialmente
Samuel WEBBE (1740—1816)
131.
3 v.
1.
2.
3.
Andante
Johann Fridrich REICHARDT (1752—1814)
132.
4 v.
1.
2.
3.
4.

133.
4 v.
Allegretto
Jacopo Gotifredo FERRARI (1759—1842)
1.
2.
3.
4.
134.
3 v.
Non troppo moderato
Antonio SALIERI (1759—1825)
1.
2.
3.
135.
3 v.
Moderato
SALIERI
1.
2.

3.
Allegretto
SALIERI
136.
3 v.
1.
2.
3.
Allegro moderato
SALIERI
137.
3 v.
1.

138. Allegro molto SALIERI

3 v.

f mf p mf f pp cresc. f cresc. ff f mf p mf pp cresc. f cresc. ff f

mf
p
mf
pp
cresc.
f cresc.
ff
Con moto
Luigi CHERUBINI (1760—1842)
139.
2 v.
1.
2.
Leggiero
CHERUBINI
140.
3 v.
1.
2.
3.
Largo
CHERUBINI
141.
3 v.
1.

142.
3 v.
Moderato
CHERUBINI
143.
3 v.
Moderato
CHERUBINI

Allegretto
144.
2 v.
1.
2.
CHERUBINI
Alla danza
145.
3 v.
1.
CHERUBINI
2.
3.
Largo
146.
2 v.
1.
2.
CHERUBINI
Andantino
147.
3 v.
1.
CHERUBINI
2.

3.
Andante
148.
3 v.
1.
CHERUBINI
poco rit.
2.
poco rit.
3.
poco rit.

149. 3 v.

Andante con moto

CHERUBINI

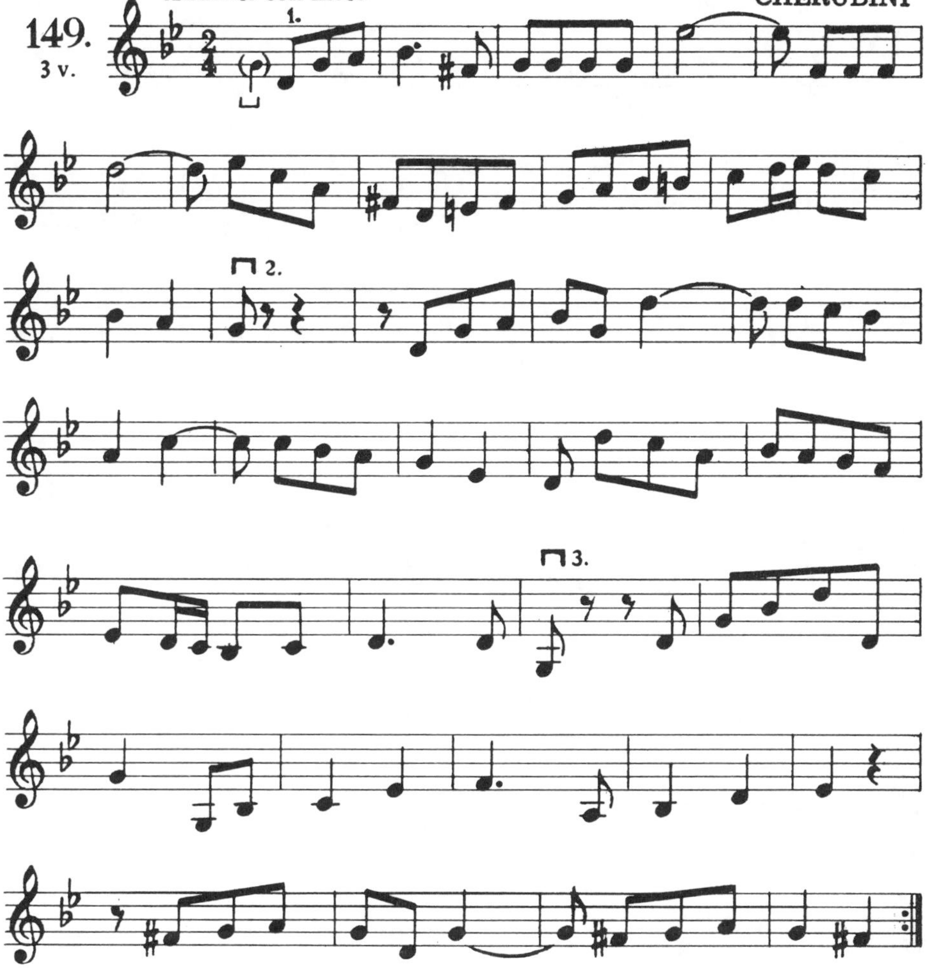

1. 2. 3.

151.
2 v.
Andante
CHERUBINI
1.
2.
152.
3 v.
Andantino
CHERUBINI
1.
2.
3.

Andante con moto
CHERUBINI
153.
2 v.
1.
2.
Larghetto
CHERUBINI
154.
3 v.
1.
2.
3.

155.
3 v.
Sostenuto
1.
CHERUBINI
2.
3.
156.
3 v.
Andante
1.
CHERUBINI
2.

3.
(p)
Andantino
CHERUBINI
157.
3 v.
1.
2.
3.

Andantino
158.
3 v.
1.
CHERUBINI
2.
3.
Sostenuto
159.
3 v.
1.
CHERUBINI
(♭)
2.
3.

Largo ma non molto
CHERUBINI
160.
3 v.
1.
2.
3.
1.
2.

Allegretto
CHERUBINI
161.
3 v.
1.
2.
3.

162.
3 v.
Sostenuto
1.
CHERUBINI
(più f)
2.
(più f)
3.
(più f)
163.
3 v.
Andante
1.
CHERUBINI
(Echo)

2.
(Echo)
3.
(Echo)
Andante con moto
CHERUBINI
164.
4 v.
1.
2.
3.
4.

165.
3 v.
Largo
1.
2.
3.
CHERUBINI
166.
3 v.
Sostenuto
1.
2.
3.
CHERUBINI

Alla menuetto
Karl Gottlieb HERING (1766—1853)
167.
3 v.
1.
2.
3.
Allegro risoluto
Henry Montan BERTON (1767—1844)
168.
8 v.
1.
2.
3.
4.
5.
6.
7.
8.

169.
4 v.
Andante
BERTON
1.
2.
3.
4.
170.
3 v.
Tempo di marcia
BERTON
1.
2.

Andantino BERTON

2.
(♭)
3.

BERTON
172.a
4 v.
1.
2.
3.
4.
BERTON
172.b
4 v.
1.
2.
3.
4.

Allegro zeloso
Ludwig van BEETHOVEN (1770—1827)
173.
4 v.
1.
2.
3.
4.
Moderato
BEETHOVEN
174.
3 v.
1.
2.
3.
Allegro moderato
BEETHOVEN
175.
2 v.
1.
2.
Allegro moderato
BEETHOVEN
176.
3 v.
1.
2.
3.

Andante
177.
3 v.
1.
BEETHOVEN
2.
3.
Vivace
178.
3 v.
1.
BEETHOVEN
f
p
2.
f
p
3.
f
p

179.
4 v.
Allegretto
BEETHOVEN
1.
2.
3.
4.
180.
3 v.
Andante
BEETHOVEN
1.
2.

3.
Andante
181.
4 v.
1.
Johann Nep. HUMMEL (1778—1837)
2.
3.
4.

Moderato
Anon (19th c. / XIXe s. / 19. sz)
182.
3 v.
1.
2.
3.
Allegro commodo
Anon (19th c. / XIXe s. / 19. sz)
183.
4 v.
1.
2.
3.
4.
Allegretto
Anon (19th c. / XIXe s. / 19. sz)
184.
5 v.
1.
2.
3.
4.
5.

185.
3 v.
Andante con moto
Anon (19th c. / XIXe s. / 19. sz)
1.
2.
3.
186.
4 v.
Largo
Anon (19th c. / XIXe s. / 19. sz)
1.
2.
3.
4.
187.
3 v.
Allegretto
Anon (19th c. / XIXe s. / 19. sz)
2.

188. Moderato — Carl Maria WEBER (1786—1826)
4 v.

189. Animato — Friedrich KUHLAU (1786—1832)
3 v.

Allegro moderato

191.
3 v.

KUHLAU

1.
2.
3.

192.
3 v.
Maestoso e pesante
KUHLAU
1.
2.
3.
193.
3 v.
Allegro moderato
KUHLAU
1.
2.

3.
Allegro non troppo
194.
3 v.
1.
KUHLAU
2.
3.
Moderato
Karl KAROW (1790—1863)
195.
3 v.
1.
2.
3.

196.
3 v.
Risoluto
KAROW
1.
2.
3.
197.
3 v.
Allegretto
KAROW
1.
2.
3.
198.
3 v.
Commodo
KAROW
1.
2.
3.

199.
3 v.
Poco allegro
KAROW
1.
2.
3.
200.
3 v.
Molto moderato
KAROW
1.
2.
3.

201.
3 v.
Moderato
KAROW
1.
2.
3.
202.
3 v.
Moderato
KAROW
1.
2.
3.

Andantino
KAROW
203.
3 v.
1.
2.
3.
Andantino
KAROW
204.
3 v.
1.
2.
3.
Moderato
KAROW
205.
3 v.
1.
2.
3.

206.
3 v.

207.
3 v.

208.
4 v.

209.
3 v.
Allegretto
HAUPTMANN
1.
2.
3.
210.
3 v.
Andantino
Franz SCHUBERT (1797—1828)
1.
2.
3.
„E durban is énekelhető"
211.
3 v.
Moderato
SCHUBERT
1.
mp
pp
2.
mp
pp
3.
mp
pp

212.
3 v.
Moderato
SCHUBERT
213.
3 v.
Moderato
SCHUBERT

SCHREIER János (ca 1780)
Allegretto
214.
3 v.
1.
2.
3.
Andante
SCHREIER
215.
3 v.
1.
2.

3.
216.
3 v.
Allegro moderato
Franz LACHNER (1803—1890)
1.
2.
3.
217.
5 v.
Amabile
LACHNER
1.
2.
3.
4.
5.

Allegro moderato
218.
3 v.
1.
Robert SCHUMANN (1810—1856)
2.
3.

Allegro moderato
219.
3 v.
1.
SCHUMANN
2.
3.

Andante
FIOCCHI (1810 körül)
220.
3 v.
1.
2.
3.
Allegro moderato
Louis Heinrich KÖHLER (1820—1886)
221.
4 v.
1.
2.
3.
4.
Vivace
KÖHLER
222.
4 v.
1.
2.
3.
4.

Allegretto
Johannes BRAHMS (1833—1897)
223.
4 v.
Andante con moto
BRAHMS
224.
4 v.
Andante con moto
BRAHMS
225.
3 v.

Andante espressivo
BRAHMS
226.
4 v.
1.
2.
3.
4.
Andante espressivo
BRAHMS
227.
3 v.
1.
2.
3.
Andante espressivo
BRAHMS
228.
4 v.
1.
2.
3.
4.

Andante con moto

BRAHMS

229.

3 v.

1.

2.

3.

Felelős kiadó a Universal Music Publishing
Editio Musica Budapest Zeneműkiadó Kft. igazgatója
Z. 12 581/16 (11,2 A5 ív) 2015/81897 AduPrint Nyomda Kft., Budapest
Felelős vezető: Tóth Béláné ügyvezető igazgató
Műszaki szerkesztő: Tihanyi Éva